AF464264

MONSEIGNEUR SAINT NICOLAS

ARCHEVÊQUE DE MYRE

MONSEIGNEUR + St + NICOLAS
VIE
MONSEIGNEUR
St
NICOLAS
ARCHEVÊQUE
MYRE

LÉGENDE PAR CHARLES BUET

MONSEIGNEUR SAINT NICOLAS

ARCHEVÊQUE DE MYRE

ORNÉ DE 12 GRAVURES

J. LEFORT, ÉDITEUR

LILLE — RUE CHARLES DE MUYSSART, 24

PARIS — RUE DES SAINTS-PÈRES, 30

A

MON FILS

CLÉMENT

A

MON FILS CLÉMENT

Quand j'étais petit comme toi, mon chéri, je célébrais joyeusement, tous les ans, avec mes camarades, la fête, impatiemment attendue par tous les écoliers, du grand saint Nicolas, archevêque de Myre.

Or cette fête, qui est l'anniversaire de sa mort, tombe en plein hiver, dans ce mois de décembre qui est le mois de l'Enfant Jésus. La neige couvre alors d'une épaisse toison blanche toute la campagne; elle brode les arbres, qui n'ont plus de feuilles, de festons d'argent; elle tapisse les toits des maisons, et ouate les chemins.

Le bon Dieu envoie la neige pour préserver les semences que le laboureur a naguère confiées à la terre : elle est une bénédiction de Dieu, comme tout ce que Dieu a fait. C'est pourquoi il faut aimer la neige, et ne pas se plaindre quand elle tombe, en larges flocons, du ciel gris, et qu'elle s'amasse lentement sur le sol.

Mais les enfants ne comprennent pas encore. Ils ne voient que la tristesse monotone répandue par ces blancheurs immaculées sur la campagne, si belle à leurs yeux lorsqu'elle est verte et fleurie. Ils ont du chagrin de voir les pauvres petits oiseaux, transis de froid, rayer de leurs pattes grêles cette surface glacée, et chercher vainement des graines ou des miettes à picorer.

Le grand silence mélancolique de l'hiver n'est pas sans vous déplaire, parce que vous en ignorez encore la solennelle harmonie, et que vous préférez les suaves chansons des merles, des mésanges et des fauvettes.

Donc, on ne dresse pas à saint Nicolas des

trônes en mosaïque de fleurs, comme à la Reine des Anges, au temps de mai. On ne décore pas les rues de guirlandes et de feuillages, comme pour la procession de la Fête-Dieu; l'autel n'est orné que de branches de houx et de sapin....

Mais si le 6 décembre n'a pas les splendeurs du ciel si bleu de printemps, des parterres de roses et de jonquilles, des cortèges enrubannés et fastueux où la sainte Hostie est portée en triomphe parmi les nuages d'encens et sur des jonchées de pétales, il a quand même sa beauté, il a ses hymnes d'allégresse, il réjouit le cœur des écoliers, qui le célèbrent en tous pays et depuis les temps les plus reculés.

Or toi qui aimes tant à questionner, mon petit Clément, n'es-tu pas curieux de savoir

IL RÉJOUIT LE CŒUR DES ÉCOLIERS, QUI LE CÉLÈBRENT EN TOUS PAYS ET DEPUIS LES TEMPS LES PLUS RECULÉS (p. x).

pourquoi l'on donne aux chers enfants de ton âge, pour patron, le bon saint Nicolas, ce beau vieillard à longue barbe blanche, que les images représentent la mitre en tête, la crosse à la main, vêtu de la chasuble d'or, ayant, à ses pieds, trois mignons enfantelets dans une cuve?

C'est, mon cher petit, cette histoire que je veux conter, pour toi d'abord, et ensuite pour tous les enfants comme toi, qui sont sages, qui aiment bien le bon Dieu et ses saints, et qui lisent volontiers les livres où il y a de belles images.

Ch. B.

Villa Floret, novembre 1888.

MONSEIGNEUR

SAINT NICOLAS

ARCHEVÊQUE DE MYRE

I

Il y avait une fois, dans un pays très lointain, l'Asie Mineure, une ville qu'on appelait Patare, où les faux dieux, par la bouche de l'oracle d'Apollon, répondaient pendant six mois de l'année à toutes les questions qu'on leur posait, et ne se privaient pas de mentir; car, si le passé appartient aux hommes, dans une certaine mesure, l'avenir n'appartient qu'à Dieu.

Et dans cette ville de Patare, vivaient un très brave homme nommé Épiphane, et son épouse Anne, sœur de l'archevêque de Myre, Nicolas l'Ancien. Ils n'avaient pas d'enfants, et priaient le Seigneur de leur en accorder au moins un pour être la consolation de leur vieillesse; ils étaient si bons et si charitables, si fervents dans leurs supplications, que la Providence envoya un ange pour leur annoncer qu'il leur naîtrait un fils.

La prière est si puissante, en effet, auprès de notre Père céleste, qu'elle le contraint, pour ainsi dire, à exaucer les vœux de sa créature.

Ce fut en l'an de la Nativité 280 que naquit l'enfant promis par le messager du Ciel ; sa naissance fut entourée de prodiges, et il fut nommé Nicolas, comme son oncle maternel, dont les vertus et la haute intelligence faisaient grand bruit dans tout le pays.

L'enfance de Nicolas fut marquée par toutes sortes d'événements prodigieux. On raconte qu'il rendit, par miracle, à une pauvre mendiante, l'usage de ses jambes, dont elle était privée. Il étudiait avec une facilité extraordinaire, émerveillant ses maîtres par la rectitude de son jugement, et rendait heureux sa mère et son père, fiers de posséder un tel enfant, mais déjà disposés à le vouer au Seigneur de la bonté de qui ils l'avaient reçu.

Il advint qu'un vieillard nommé Sabas fit un rêve qu'il conta à tous les habitants de Patare. Il lui semblait, dans ce rêve, qu'un ange le transportait au Paradis. Les rues en étaient pavées d'or fin, poli comme le cristal, bordées de bâtiments construits en pierres précieuses transparentes. Et dans un palais plus riche encore et plus magnifique que tous les autres, le bon homme à la barbe blanche vit sur une estrade tapissée de plumes d'oiseaux-mouches un trône sculpté dans une seule escarboucle aussi

IL ADVINT QU'UN VIEILLARD NOMMÉ SABAS FIT UN RÊVE.... (p. 20).

3

chatoyante qu'un soleil. Il demanda pour qui ce palais et ce siège étaient réservés, et l'ange lui apprit que c'était pour le petit Nicolas, fils d'Épiphane.

Le dessein de Dieu sur cet enfant, qui croissait en beauté, en science et en vertu, ne tarda pas à éclater d'une façon visible.

Une affreuse maladie, la peste, que les vents brûlants du désert apportaient des immenses plateaux de l'Asie centrale, se déclara tout à coup dans la ville de Patare.

La terrible contagion se répand aussitôt, et la première demeure qu'elle visite est celle d'Épiphane, qui succombe, suivi dans le tombeau, à quelques heures d'intervalle, par son épouse. Inséparablement unis pendant la vie, ils n'avaient pu survivre l'un à l'autre, et tous deux s'endormirent en paix, à l'ombre de la même croix funéraire.

Nicolas se trouvait donc orphelin à l'âge le plus tendre, et seul au monde. Il était riche, sans doute, mais initié tout à coup aux tristes réalités de la vie, pleurant ses parents bien-aimés, accablé de douleur, confiant en la Providence. Le *Saint* qui était en lui se révéla soudain, et dès lors son existence ne fut plus qu'un perpétuel miracle.

II

HÉRITIER d'une fortune considérable, Nicolas voulut pratiquer la pure morale de l'Évangile, et ne se reconnaître que pour l'usufruitier des biens de son patrimoine, c'est-à-dire qu'il entendait faire profiter les pauvres de sa richesse, ne se réservant pour lui-même que la plus petite part. Ses habitudes étaient simples, et sa table, frugale. Il savait que les hommes doivent resteindre leurs besoins, se contenter du nécessaire, et rendre heureux avec leur superflu tous ceux qui souffrent.

Ce fut sa règle de conduite. Austère pour lui-même, il se montrait généreux et bienveillant pour autrui. Ce qu'on doit au pauvre, ce n'est pas seulement l'aumône matérielle : un verre d'eau et un morceau de pain, donnés avec un sourire aimable et une parole cordiale, valent mieux que le plus

IL ENTENDAIT FAIRE PROFITER LES PAUVRES DE SA RICHESSE (p. 26).

riche présent, pour les déshérités à qui nul ne sourit et ne parle.

Un patricien de Patare, autrefois comblé de tous les biens, maintenant ruiné et déchu de ses anciennes splendeurs, avait trois jeunes filles d'une grande beauté, qu'il se désespérait de ne pouvoir établir, faute d'argent. La misère est souvent une mauvaise conseillère. Ce malheureux songea un moment à abandonner ses filles, et Nicolas l'apprit de l'un de ses serviteurs.

Le soir même, après le coucher du soleil, le jeune homme se dirigea vers la maison du patricien. Les rayons de l'astre des nuits éclairaient d'une lumière argentée une fenêtre entr'ouverte. Nicolas s'approcha, lança dans l'appartement un sac plein de monnaie d'or, et s'enfuit comme si, au lieu d'une louable action, il venait de commettre une faute.

L'aînée des jeunes filles ne tarda pas à se marier, mais les deux autres restaient encore à pourvoir. Nicolas dota la seconde par le même moyen. Elle se maria, à son tour.

Toute la ville s'étonnait des largesses qu'une main inconnue semait ainsi dans le pauvre logis du patricien, mais personne ne soupçonnait Nicolas d'en être le dispensateur.

Un soir qu'il venait, de la même façon mystérieuse, de jeter une bourse pleine d'or dans la chambre, dont la fenêtre, maintenant, était toujours ouverte, le vieux seigneur, qui s'était caché sous le portique, s'élança à la

IL RÉFLÉCHISSAIT A CES CHOSES DANS SES COURSES SOLITAIRES (p. 34).

poursuite de son bienfaiteur, parvint à le rejoindre, se jeta à ses pieds tout en larmes, en lui reprochant de s'être si longtemps soustrait à l'effusion de sa reconnaissance.

Dès le lendemain, le secret fut dévoilé, et de toutes parts un concert de louanges s'éleva en l'honneur de Nicolas, dont la charité se couvrait avec tant de bonne grâce du manteau de la simplicité.

Il ne pouvait plus traverser les rues de Patare, soit le matin en se rendant à l'église, soit au crépuscule, alors qu'il se promenait à l'ombre des sycomores et des tamaris en respirant la brise fraîche du soir, sans être salué par tous les nobles patriciens, et vénéré à genou fléchi par les artisans et les gens du peuple. Ces marques de respect lui devinrent bientôt importunes. Il craignit de se laisser enorgueillir par ce que sa conscience lui montrait comme des flatteries.

Au surplus, le monde ne lui plaisait point. A peine au sortir de l'adolescence, il devinait que les plaisirs les plus rares et les plus raffinés sont vains, ne laissent après eux que le vide, sinon les regrets toujours renaissants. Il réfléchissait à ces choses dans ses courses solitaires : il songeait aux résolutions à prendre pour s'isoler davantage dans la prière et la pratique des vertus chrétiennes, et son oncle l'archevêque de Myre l'ayant, sur sa renommée, appelé auprès de lui, il se rendit aussitôt au désir du saint prélat, et quitta sans bruit sa ville natale.

III

L'ARCHEVÊQUE de Myre se préparait depuis longtemps à faire le pèlerinage de Terre-Sainte, mais il voulait confier le gouvernement de son diocèse à un prêtre capable de supporter cette lourde charge. Les vertus de son neveu, son inépuisable charité, le désignaient assez. Nicolas l'Ancien conféra donc au jeune Nicolas les ordres sacrés, puis le nomma supérieur du monastère de Sainte-Sion, qu'il avait lui-même fondé hors les faubourgs de Myre, et dans lequel vivaient un grand nombre de solitaires.

Le vieux prélat fit alors son pèlerinage aux lieux saints, où, moins de trois siècles auparavant, s'était écoulée l'existence humaine du Rédempteur, et, à son retour, il mourut.

Nicolas songeait à embrasser la vie cénobitique; mais il eut, comme son oncle, la pensée pieuse de visiter auparavant la Palestine. Un navire égyptien venait précisément d'aborder sur la côte de Lycie. Le jeune solitaire de Sainte-Sion alla trouver le patron et lui demanda de le prendre à son bord pour le conduire à Ascalon. L'autre ne con-

NICOLAS L'ANCIEN CONFÉRA AU JEUNE NICOLAS LES ORDRES SACRÉS (p. 35).

sentit à l'embarquer que pour Alexandrie d'Égypte.

Le vent était favorable ; la mer, calme et bleue ; le navire voguait sans secousses, et tout faisait espérer une heureuse navigation.

Le soir venu, et dès que les premières étoiles commençaient à briller au ciel, Nicolas s'endormit après avoir fait sa prière. Et voici qu'il vit en rêve un horrible démon qui entrait dans le vaisseau tout enveloppé de flammes, armé d'une épée flamboyante, et lacérant les voiles, coupant les cordages, défonçant les cloisons.

Nicolas s'éveilla en sursaut, fit le signe de la croix, et courut avertir les matelots qu'une tempête effroyable se préparait, les exhortant à prier Dieu de les sauver du naufrage. On se mit à rire. L'azur du firmament, criblé d'astres étincelants, était sans tache, et la mer, pailletée d'argent, s'étendait à perte de vue, à peine ridée par une brise légère.

Tout à coup, et presque subitement, un vent impétueux s'éleva ; le ciel se chargea de nuages, amoncelés en lourdes masses noires. D'énormes vagues soulevèrent le vaisseau, menaçant de l'engloutir, et la tempête éclata formidable.

Le tonnerre grondait ; les éclairs livides ou bleuâtres illuminaient de lueurs sinistres les flots écumeux ; des lames et des paquets de mer s'abattaient sans relâche sur le pont du navire, où régnaient le désordre et l'agitation. Tout semblait perdu sans res-

DES LAMES ET DES PAQUETS DE MER S'ABATTAIENT SANS RELACHE SUR LE PONT DU NAVIRE (p. 40).

source. Aucune manœuvre ne pouvait plus s'exécuter. Alors on se souvint de la prédiction du moine, et l'on se mit à sa recherche.

Agenouillé à la proue, ruisselant d'eau, Nicolas était absorbé dans une fervente prière, élevant ses bras vers le ciel. Les matelots l'entourèrent, le suppliant d'apaiser la tourmente par un miracle. Ils confessaient à haute voix leurs fautes et s'humiliaient. Ils versaient des larmes, en proie à l'épouvante de la mort. Et Nicolas, qui ne craignait rien, soumis qu'il était d'avance à la volonté divine, eut enfin pitié d'eux.

Sa prière monta, expiatrice, au pied du trône de la Mère des anges. Un sourire de Marie dissipa les sombres nuées, dompta la mer en courroux, éteignit les éclairs, imposa silence au tonnerre. Et de nouveau l'azur limpide fut constellé d'astres qui se miraient dans les flots apaisés.

Le patron du navire envoya sur-le-champ un petit mousse, Amoni, arborer une croix au sommet du grand mât. L'enfant, joyeux, s'élança dans les cordages avec agilité. Les matelots, tête nue, remerciaient Nicolas du miracle accompli par son intercession. Et le navire voguait à pleines voiles vers la terre mystérieuse des Pharaons.

Un grand cri retentit soudain. Amoni avait achevé d'attacher la croix à la cime du mât, et, se retenant aux cordes, il se préparait à redescendre, lorsqu'on le vit arraché, par une force irrésistible et invisible, à ses appuis, et précipité violemment sur le pont, où il resta étendu sans vie.

Tous les témoins de cet événement extraordinaire, qui succédait ainsi à plusieurs prodiges, demeurèrent terrifiés. Réunis autour du cadavre de ce pauvre enfant, les matelots se lamentaient, pleurant leur jeune compagnon, si gai, si espiègle, si robuste, et maintenant inanimé. Nicolas s'approcha d'Amoni, se pencha sur lui, et mit un baiser paternel sur ce visage livide et glacé par la mort. Aussitôt ces joues pâles redevinrent roses, ces lèvres décolorées s'entr'ouvrirent, dans ces yeux éteints la flamme de la vie se ralluma, et le petit Amoni, ressuscité, se leva.

A peine débarqués à Alexandrie d'Égypte, les marins se hâtèrent de conter les étranges péripéties de leur traversée : la tempête soudaine, tout à coup apaisée; la mort du petit mousse et sa résurrection. Quel était donc ce moine à qui les éléments obéissaient,

SAINT ANTOINE

qui domptait la mer et les vents, et qui

forçait la mort même à rendre sa proie ?

De toutes parts, les malheureux, les affligés, les malades, les infirmes accoururent vers Nicolas, sollicitant des miracles. Dieu permit, en effet, qu'il guérît les uns et consolât les autres. Mais cette renommée de thaumaturge n'était pas ce qu'il venait chercher sur la terre d'Égypte. Les louanges l'importunaient. Il s'échappa le plus tôt qu'il put et se rendit au désert, où il voulait visiter le grand anachorète saint Antoine.

De nombreux solitaires vivaient autour de ce patriarche, dans l'immense désert de sable rougi aux feux d'un ardent soleil. Ils habitaient des cavernes creusées dans les rochers, et vivaient de racines et d'eau, quand ils en trouvaient. Mais leur piété, leur ferveur était si absolue et si admirable, que Nicolas put dire à ces vénérables ermites :

— Je suis venu, et je me trouve sur la montagne de Sion, dans la ville du Dieu vivant, dans la Jérusalem céleste, dans l'assemblée des anges, dans l'Église des premiers-nés qui sont inscrits dans le ciel.

Il dut toutefois s'arracher aux délices de la solitude et continuer son voyage, obéissant aux desseins de Dieu sur lui.

Il arriva en Palestine, et voulut, comme Moïse approchant de la montagne d'Horeb, y marcher pieds nus. La tradition rapporte qu'un chœur d'Esprits célestes lui fit voir, dans une vision, la croix sacrée de notre Sauveur, qui ne fut découverte que douze années plus tard par l'impératrice Hélène.

Il visita pieusement tous les lieux où se déroulèrent, durant les trente-trois plus belles années que notre monde vécut, les mystères de notre Rédemption. Il se traînait à genoux

IL PRIA SUR LE TOMBEAU VIDE DE LA VIERGE MARIE (p. 53).

sur les chemins où Jésus avait marché. Il vit les grottes et les bois, les rivages des lacs et les solitudes, les villages et les basiliques. Il dormit dans la grotte où s'était cachée la sainte Famille lors de la fuite en Égypte, et répandit ses larmes sur la terre du jardin des Oliviers que les larmes du divin Agonisant avaient inondée. Enfin il pria sur le tombeau vide de la Vierge Marie, sépulcre d'où son corps fut enlevé par les anges, pour être, dans la glorieuse Assomption, emporté au Paradis.

Lorsqu'il eut accompli son pèlerinage, Nicolas s'embarqua pour la côte de Lycie, et cette nouvelle traversée fut marquée par de nouveaux incidents, car le patron de la barque le voulait emmener une fois encore en Égypte, et ce fut à la suite d'une tempête miraculeusement apaisée par le saint que cet homme de mauvaise foi se résigna à faire voile pour le pays où il s'était engagé à conduire son passager.

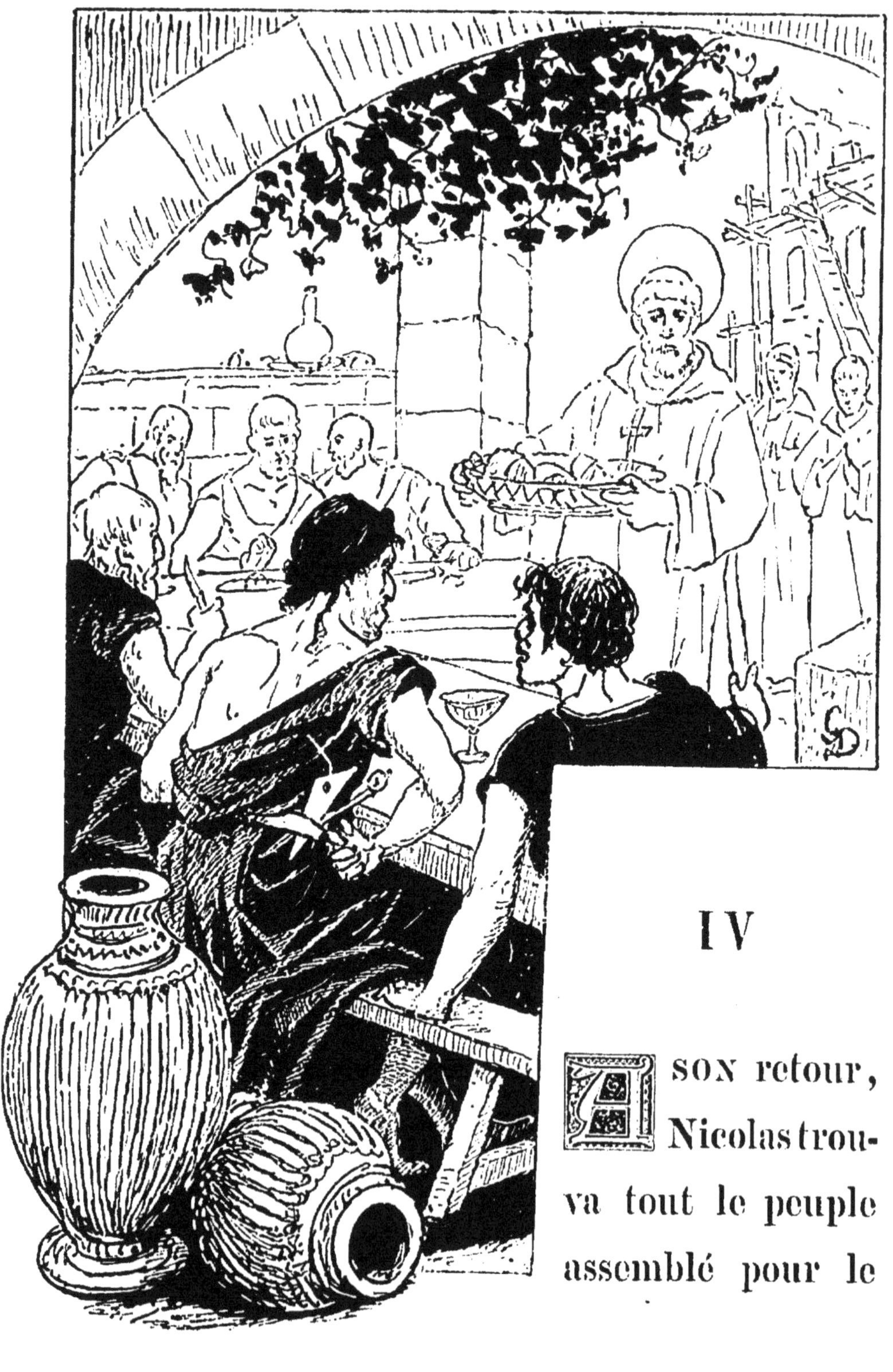

IV

A son retour, Nicolas trouva tout le peuple assemblé pour le recevoir avec de grandes marques de vénération. Ses moines de Sainte-Sion l'escortèrent jusqu'à son monastère, où il se retira aussitôt dans une cellule. De plus en plus, la vie érémitique avait des attraits pour lui; tout ce qui lui rappelait le monde irritait davantage encore son désir de la solitude. Le bruit de ses miracles attirait à Sainte-Sion des foules de malheureux et d'estropiés. Il se résolut à se soustraire enfin d'une manière définitive à ces empressements qui l'importunaient.

Mais avant son départ, il voulut achever l'église du monastère qu'il avait commencé d'édifier. Il n'avait que de misérables ressources, à tel point qu'il ne savait comment nourrir ses ouvriers. On raconte, par exemple, qu'il ne possédait un jour qu'un seul pain

NICOLAS L'ANCIEN

pour neuf tables, où devaient s'asseoir plus

de quatre-vingts maçons et charpentiers.

Nicolas prit le pain, le rompit en neuf parts égales, et offrit ce régal à ses convives, qui virent avec stupéfaction les morceaux se multiplier à tel point que, rassasiés, ils purent emplir trois corbeilles des croûtes qui restaient.

Sur ces entrefaites, l'archevêque Jean, successeur de Nicolas l'Ancien, vint à mourir, et tous les évêques de la province s'assemblèrent à Myre pour élire celui qui, à son tour, succéderait à ce prélat d'une haute vertu.

Cette élection traînait en longueur, aucun des candidats présentés aux suffrages du synode ne réunissant les qualités nécessaires pour occuper dignement un siège où avaient passé depuis un siècle tant d'illustres pasteurs. Il y fallait pourvoir. Cependant le plus âgé des évêques eut une inspiration subite.

— Mes frères, dit-il aux suffragants qui l'entouraient, une révélation de la Providence me fait connaître que celui que nous devons élire pour notre métropolitain est un simple prêtre que Dieu nous désignera.

Et comme on le pressait de questions, il ajouta :

— Rendons-nous à la cathédrale. Nous y passerons la nuit en prières, et le premier prêtre qui, à l'aurore, franchira le seuil de l'église, sera celui que Dieu désigne pour gouverner ce diocèse.

Les évêques accédèrent au vœu de leur doyen. La cathédrale fut illuminée, et le chant des psaumes et des hymnes liturgiques dura toute la nuit. Au point du jour, un clerc alla ouvrir la maîtresse porte, et les évêques, rangés dans le chœur, se turent.

Dans ce silence du matin que ne troublait pas un murmure, un homme se présenta sur le seuil de l'église. Un rayon de soleil l'éclairait, grand et robuste, sous le froc et le capuce de bure.

C'était l'abbé de Sainte-Sion.

Il marchait, les yeux baissés, les mains cachées sous son manteau, et il demeurait si absorbé dans sa méditation qu'il ne vit point les prélats assemblés autour de l'autel. Il s'avança jusqu'à l'entrée du chœur, s'agenouilla et se mit à prier. Aussitôt les vénérables électeurs l'entourèrent, et il apprit

IL S'AVANÇA JUSQU'A L'ENTRÉE DU CHŒUR (p. 60).

tout à coup, avec une surprise si douloureuse qu'elle lui arracha des larmes, que le synode le proclamait archevêque de Myre. Sa première parole fut une parole de refus.

Mais la multitude des fidèles, avertie de ce qui se passait, pénétrait maintenant dans la basilique par toutes les portes, et l'élection du saint abbé fut ratifiée par acclamation. Quelle que fût son humilité, il dut céder : ce ne fut pas sans peine qu'il consentit à s'imposer la lourde charge de l'épiscopat. Il savait qu'un chrétien doit accepter tous les devoirs que Dieu lui impose, et ce fut par devoir qu'il revêtit l'éclatante dignité dont il se croyait indigne.

Pendant qu'on faisait les préparatifs du sacre du nouvel archevêque, qui devait avoir lieu à peu de jours de là en grande pompe, Nicolas se renferma dans une maisonnette que lui avait abandonnée une dame de la ville, restée veuve avec un seul petit enfant, et qui habitait un logis voisin.

Or, le jour du sacre, cette dame voulut assister à la cérémonie, et se rendit à la cathédrale, laissant son fils à la garde d'une servante. Celle-ci, poussée par une curiosité coupable, courut sur la place, et tandis qu'elle était éloignée, l'enfant s'approcha du feu, ses vêtements s'enflammèrent ; il tomba privé de vie, poussant des cris que personne n'entendait.

Un pressentiment étrange ayant averti la mère, elle sortit de l'église avant la fin des cérémonies. En rentrant dans sa demeure,

LA MÈRE INFORTUNÉE, FENDANT LES RANGS DE LA FOULE, VIN
DÉPOSER A SES PIEDS LE PETIT CADAVRE (p. 67).

elle vit le corps de l'innocente créature, gisant sur les dalles, couvert d'affreuses brûlures qu'avivaient les cendres ardentes des linges achevant de se consumer. Hors d'elle-même, folle de douleur, elle s'empara des restes à demi carbonisés, et s'élança au dehors en poussant les cris qu'on avait entendus naguère sur les collines de Rama, lorsque l'infâme Hérode massacrait les fils des Hébreux.

Elle courut à l'église, où Nicolas terminait la messe pontificale. Il se tournait vers le peuple, mitre en tête et crosse à la main, pour donner la bénédiction, lorsque la mère infortunée, fendant les rangs de la foule, vint déposer à ses pieds le petit cadavre tout noirci. Le saint, ému de compassion, prit entre ses bras cette triste dépouille, et fit le signe de la croix sur ce front plongé dans les ténèbres de la mort.

Aussitôt l'enfant ressuscita. Ses blessures furent guéries à l'instant, et la mère, transportée de joie, put accompagner avec son fils, désormais rendu à son amour, l'imposant cortège qui suivit l'archevêque Nicolas, en saluant de ses acclamations cet élu de Dieu, si fertile en miracles.

V

On sait assez que, dans les premiers siècles de l'ère chrétienne, l'Église était souvent troublée par des persécutions et par des hérésies. L'Évangile n'était pas encore connu de tous les habitants de cette terre d'Asie, berceau de l'humanité, et si voisine pourtant des lieux où s'était accomplie la rédemption des hommes.

La mission d'un évêque, en ce temps-là, comportait donc plus de travail que d'honneur. Aussi Nicolas entreprit-il la conversion de son diocèse, si graves que fussent les difficultés et les obstacles suscités à son zèle.

Il allait de paroisse en paroisse, d'église en église, prêchant partout la bonne parole, répandant les pures maximes de l'Évangile, discutant contre les hérétiques, sans violence mais au contraire avec indulgence et douceur. Il était aidé puissamment dans cette ingrate besogne par deux hommes qui furent les lumières de l'Église grecque, Paul Rhodien et Théodore Ascalonite. Il s'occupait activement de recruter un nombreux clergé, de l'instruire, de le diriger dans les voies du

Seigneur. Il faisait élever les jeunes clercs,

IL ALLAIT D'ÉGLISE EN ÉGLISE, PRÊCHANT PARTOUT LA BONNE PAROLE (p. 70).

les gardait longtemps sous sa conduite et ne

les admettait aux ordres sacrés qu'après s'être assuré de leur vocation.

Sa sollicitude pastorale ne s'arrêtait pas aux besoins spirituels de ses ouailles. Il exerçait une continuelle et infatigable charité. Il distribuait d'abondantes aumônes aux pauvres, il secourait les veuves, il recueillait les orphelins, il soignait les malades et les infirmes, il visitait les prisonniers. Se privant lui-même de tout ce qui n'était pas le strict nécessaire, le saint archevêque ne mettait pas de bornes à ses largesses, donnait sans compter, donnait toujours, se faisait mendiant pour donner encore, et cherchait partout les pauvres pour les secourir, les affligés pour les consoler, avec l'ardeur que met un avare à chercher des trésors.

L'humilité de saint Nicolas, sa bonté, la frugalité de sa vie, sa libéralité, les vertus plus hautes encore qu'il pratiquait avec ferveur, dans un temps et dans un pays où régnait la plus grande licence, lui conciliaient l'affection et le respect de tous. La sûreté de sa doctrine, son courage à combattre l'hérésie, son éloquence, tantôt familière et simple, tantôt solennelle, le faisaient redouter des païens et des hérétiques. Il eut la gloire de convertir un de ceux-ci par un seul regard, et de ramener au bercail une brebis égarée, l'évêque Diognetus, entaché de l'hérésie des marcionistes, qui avait résisté à tous les arguments, à toutes les supplications, et que Nicolas vainquit par un baiser.

La sainteté de l'archevêque de Myre se

trahissait par les miracles multipliés qu'il accomplissait.

Un jour, par exemple, des matelots de Cilicie, montés sur un vaisseau en perdition au milieu d'une affreuse tempête, invoquèrent Nicolas comme un saint du ciel. Ils le virent alors dans les nues, au-dessus du bâtiment qui faisait eau de toutes parts. Ils le virent descendre jusqu'à eux, saisir le gouvernail, le remettre aux mains du timonier qui put ensuite le manœuvrer sans peine, redresser le navire à demi englouti, diriger sa marche et le conduire jusqu'à ce qu'ils fussent près du port.

Ces matelots, qui ne l'avaient jamais vu et ne le connaissaient point, n'eurent pas plus tôt gagné Myre, qu'ils voulurent se prosterner aux pieds de leur bienfaiteur et lui témoigner leur reconnaissance. Ils coururent donc à la cathédrale, où le prélat chantait l'office avec ses prêtres et ses clercs. Aucune marque de sa dignité ne le distinguait des autres; mais son visage leur apparut tel qu'ils l'avaient vu couronné d'une nimbe fulgurant pendant leur détresse, et ils se jetèrent à ses pieds en pleurant.

Une effroyable disette éclata, quelque temps plus tard, dans tout l'exarchat de l'Asie et provoqua une grande misère. La famine dépeuplait la province; les mères ne pouvaient plus nourrir leurs enfants; toutes les récoltes avaient manqué, et tout un peuple était décimé par la faim. Saint Nicolas, à bout de ressources, ne cessait de prier Dieu, de proclamer qu'il fallait avoir confiance en sa miséricorde.

Et il lui advint une vision. Il voyait dans un port de la Sicile, un des greniers du monde, un grand vaisseau chargé de froment, qui attendait le vent favorable pour faire voile vers l'Espagne. Au même instant, il se sentit emporté dans les airs, et il mit le pied sur ce vaisseau, dont le pilote et les matelots étaient profondément endormis.

Il leur apparut donc en songe, en sorte qu'ils crurent tous le voir au milieu d'eux. Il leur demanda ce que valait leur cargaison de froment, combien ils en voulaient, marchanda, convint du prix et mit enfin trois pièces d'or, à titre d'arrhes, dans la main du patron, en lui disant :

— Je suis Nicolas, archevêque de Myre,

IL MIT TROIS PIÈCES D'OR, A TITRE D'ARRHES, DANS LA MAIN DU PATRON (p. 76).

en Lycie. Conduisez votre charge dans cette

ville, en proie à une extrême disette, et vous serez payés à votre contentement.

Sur ces mots, il disparut.

Et tout cela se passait en songe. A leur réveil, les matelots se racontèrent l'un à l'autre leur rêve, qui était le même pour tous, et le patron trouva dans sa main trois pièces d'or frappées à une image inconnue. Ils virent là un avertissement du Ciel, levèrent l'ancre et firent voile sur Andronique, port le plus voisin de Myre, où ils arrivèrent à temps pour sauver la population menacée de famine.

VI

En l'année 316, l'empereur Licinius qui, dans les commencements de son règne, avait paru favorable aux chrétiens, renouvela tout à coup les persécutions de Dioclétien et de Maximin. Il fit publier dans tout l'Orient des édits qui condamnaient les chrétiens à la confiscation de leurs biens, à la prison, à l'exil, et même à la mort dans les plus cruelles tortures.

Le préfet impérial de la Lycie fit aussitôt élever des croix sur toutes les places de Myre pour intimider les chrétiens par la terreur de ce supplice. En même temps, il fit rétablir les autels des idoles, et la persécution commença.

L'archevêque Nicolas ne s'enfuit pas, comme le lui conseillaient des hommes pusillanimes. Il rassembla autour de lui tous ses prêtres les plus vertueux et les plus savants, et lutta opiniâtrement contre le paganisme renaissant. Il allait de maison en maison, exhortant les fidèles, soutenant les faibles, consolant ceux que des sentences iniques frappaient dans leurs affections ou dans leurs intérêts.

Le préfet impérial comprit qu'il n'aboutirait à rien tant qu'il aurait en sa présence un si redoutable adversaire, et bien qu'il eût jusqu'alors témoigné beaucoup de déférence et de respect pour l'archevêque de Myre, il se résolut à frapper ce pasteur, afin de pouvoir plus facilement disperser son troupeau. Il n'osa point cependant attenter à sa vie, mais il eut l'audace de le faire jeter en prison.

Nicolas fut donc appréhendé au corps, et

enfermé dans un cachot obscur, sans autre nourriture que du pain et de l'eau.

L'indignation des habitants de Myre, quand ils apprirent l'arrestation de leur évêque vénéré, fut telle, se traduisit par de si violents murmures et de si énergiques menaces, que le gouverneur de la province, craignant une sédition, fit extraire le prisonnier de sa cellule, et le fit conduire sous bonne escorte en exil.

On ignore en quel lieu de l'Asie l'homme juste fut séquestré. Son absence n'eut d'ailleurs d'autre effet que d'imposer à ses bourreaux une honte méritée, à ses partisans plus de courage. Ceux-ci résistèrent à toutes les sollicitations, persévérèrent dans leur foi, souffrirent tout ce qu'ils eurent

LE GOUVERNEUR DE LA PROVINCE LE FIT CONDUIRE SOUS BONNE ESCORTE EN EXIL (p. 82).

à subir de vexations et de supplices. Mais le préfet impérial ne put rien obtenir d'eux qui fût contraire aux enseignements de l'Évangile, et la persécution ne fit que jeter une nouvelle et plus éclatante lumière sur ce vaste diocèse de Myre.

Au surplus, Constantin, associé de Licinius à l'empire, ne partageait nullement les préjugés et les idées de ce persécuteur, et tandis que l'un armait ses bourreaux pour tyranniser les chrétiens, l'autre levait une armée pour les défendre et pour les venger. Les deux empereurs en vinrent à se livrer bataille. Les troupes de Licinius furent taillées en pièces, lui-même ne tarda pas à mourir, et Constantin, désormais seul régnant en paix, publia des édits favorables aux chrétiens.

Tous ceux qu'on avait jetés en prison pour cause de religion furent mis en liberté; les biens injustement confisqués furent rendus à leurs possesseurs, ou distribués aux pauvres.

Et Nicolas s'en revint à Myre, le corps couvert de cicatrices, marques des mauvais traitements qu'on avait exercés contre lui, mais triomphant, puisqu'il rapportait à son Église et à ses ouailles la paix, la réparation et l'espérance.

Il ramenait avec lui un certain nombre de gentils qu'il avait convertis, et ce fut au monastère de Sainte-Sion qu'il les conduisit.

Après quoi, il s'appliqua avec un redoublement de zèle à réparer le mal produit par les édits de Licinius. Il rouvrit les églises, renversa les autels des idoles, recommença

LES DEUX EMPEREURS EN VINRENT A SE LIVRER BATAILLE (p. 85).

ses prédications, et eut le bonheur de voir ses efforts promptement couronnés de succès.

Il alla de sa personne à Patare avec une troupe de jeunes hommes, pour démolir les temples d'Apollon et de Diane, où se célébraient d'abominables mystères, et où les démons rendaient de prétendus oracles. Il ne voulut laisser dans la ville où il était né aucun vestige du paganisme.

A Placomiton, où des sacrifices humains avaient lieu naguère sous un gigantesque cyprès, les démons faisaient rage, furieux d'être chassés de tous leurs repaires. Nicolas se rendit sous l'arbre maudit, déchargea sur le tronc sept coups de cognée, et l'abattit. Il fit débiter en planches ce cyprès, pour en construire un oratoire dédié au vrai Dieu.

En peu de temps, les derniers vestiges

IL DÉCHARGEA SUR LE TRONC SEPT COUPS DE COGNÉE. (p. 89.)

de l'idolâtrie disparurent dans le diocèse de

Myre; les églises ruinées sortaient de terre, plus magnifiquement ornées qu'auparavant; tous les désastres, enfin, accumulés par la persécution, furent réparés, et la métropole de saint Nicolas reconquit son ancienne splendeur.

VII

En ce temps-là, une hérésie, plus grave et plus dangereuse que les précédentes, et qui devait subsister plus longtemps, affligeait l'Église, et, se répandant de proche en proche, menaçait d'envahir toute la chrétienté. C'était l'hérésie d'Arius, déjà condamnée par le concile particulier d'Alexandrie d'Égypte, et que le Saint-Siège s'efforçait de combattre par tous les moyens.

Durant un séjour que l'empereur Constantin fit à Rome, le pape saint Sylvestre se mit d'accord avec lui, et la convocation d'un Concile œcuménique fut décidée. Tous les évêques de la catholicité devaient se réunir à Nicée, importante ville de la Bithynie.

Dès que le bienheureux archevêque de Myre eut reçu les lettres pontificales et le message impérial qui l'invitaient à s'y rendre, il partit avec Eudène, évêque de Patare.

A son arrivée à Nicée, l'empereur vint au-devant de lui. Puis, l'ayant introduit dans la salle du trône, avec des marques éclatantes de respect, il le fit asseoir sur le siège impérial et se tint debout en sa présence.

Trois cent dix-huit évêques prenaient part au Concile; l'empereur assistait aux séances,

PUIS, L'AYANT INTRODUIT DANS LA SALLE DU TRÔNE.... (p. 94).

et l'hérésiarque Arius eut l'audace de comparaître et de soutenir ses perverses doctrines. Or, un jour que ce blasphémateur insultait, dans le plus odieux langage, les dogmes sacrés, saint Nicolas, outré d'indignation, quitta sa place, vint à Arius et le renversa en le frappant avec violence.

Il y a, dans la vie des Saints, des choses si extraordinaires qu'on ne saurait les juger sans témérité. Le scélérat Arius, excommunié, méprisé de tous, méritait assurément un châtiment pire que celui que lui infligeait l'archevêque de Myre. Cependant les Pères du Concile usèrent d'une extrême rigueur envers ce qu'ils considéraient comme un attentat à leur haute dignité et une offense grave à la Majesté Impériale. Nicolas fut

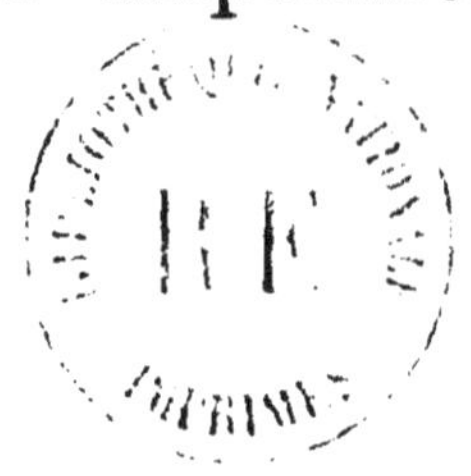

dépouillé de ses insignes épiscopaux; on lui lia les pieds et les mains et on l'enferma dans un cachot.

Mais le lendemain, quand on vint lui apporter un peu de nourriture, on le trouva délivré de ses liens qui traînaient à terre, revêtu de la chape d'or, la mitre en tête, la crosse dans une main et le livre des Évangiles dans l'autre. Et comme on l'interrogeait, il répondit simplement qu'il en avait appelé à Dieu de la sentence rendue par les hommes.

Le prélat reprit donc sa place aux séances du Concile et eut la joie d'être l'un de ceux qui proclamèrent le titre de Mère de Dieu, qu'Arius refusait à la Vierge Marie.

Lorsque les actes du Concile eurent été confirmés par l'autorité du pape saint

ON LE TROUVA DÉLIVRÉ DE SES LIENS, REVÊTU DE LA CHAPE D'OR, LA MITRE EN TÊTE.... (p. 98.)

Sylvestre, les évêques s'assemblèrent dans la basilique pour rendre grâce à Dieu, et pendant qu'ils chantaient des hymnes, une fontaine jaillit miraculeusement au milieu de la nef.

CHAPITRE VIII

Ce fut pendant le voyage qu'il fit de Myre à Nicée, que saint Nicolas fit le grand miracle qui l'a fait choisir pour patron dans le ciel des petits écoliers, et l'a rendu si populaire.

Un soir, il s'arrêta pour la couchée dans un logis d'une petite ville de l'exarchat d'Asie, et comme il pratiquait perpétuellement l'abstinence, il réclama de son hôte un repas frugal et servi en maigre. Cet homme apporta un mets singulier qu'il assura être du poisson salé et bouilli. Mais un regard du saint le déconcerta.

Nicolas, très doucement, lui demanda :

— Vous reste-t-il une autre provision de cette sorte de viande?

— Oui, répondit l'hôte, il m'en reste encore deux cuves pleines.

— Conduisez-moi donc à votre saloir.

— VOUS RESTE-T-IL UNE AUTRE PROVISION DE CETTE SORTE D
VIANDE ? (p. 101.)

L'hôte se défendit de son mieux, opposant maint prétexte. Mais saint Nicolas, ayant pris son bâton, se dirigea vers les caveaux, suivi de ses compagnons et de toute la maisonnée.

Au centre du caveau il y avait deux petites cuves, fermées par des couvercles en bois sur lesquelles pesaient de grosses pierres. A peine le saint archevêque eut-il mis le pied dans ce lieu sombre, qu'un chœur de voix angéliques, mêlé à des gémissements, se fit entendre.

Alors le maître du logis se prosterna la face contre terre et confessa son crime.

Une nuit, sept années auparavant, trois petits écoliers, qui s'étaient égarés dans les forêts voisines, avaient heurté à sa porte.

Leurs vêtements étaient d'une grande élégance; ils possédaient quelques pièces d'argent dans leur bourse, des colliers d'or paraient leur col. Ces joyaux, cet argent, ces riches étoffes tentèrent la cupidité de l'homme. Dès que les trois beaux enfants furent endormis, il les égorgea. Et quand il les eut dépouillés, ne voulant pas que ses enfants à lui pussent connaître son crime, il se hâta, avant l'aurore, de faire disparaître les corps.

Pour cela, il les dépeça avec une hache, entassa les morceaux dans les cuves de son saloir, et cacha ces cuves dans la cave. Chaque année il les couvrait avec d'autres cuves où il mettait ses provisions de viande salée.

Mais, comme le bien mal acquis ne profite jamais, sa fortune était allée en décroissant;

ses provisions s'épuisaient sans qu'il pût les

TROIS ÉCOLIERS AVAIENT HEURTÉ A SA PORTE.

renouveler, et la veille il ne restait rien dans

sa demeure que les cadavres de ses trois victimes. N'osant renvoyer les hôtes qui lui arrivaient, et dans l'espoir d'un petit gain, il avait eu l'audace d'ouvrir une des cuves et d'y prendre quelques lambeaux de chair pour les servir à l'archevêque.

Telle était donc la vérité, il l'avouait avec d'amers sanglots.

Les témoins de cet horrible aveu demeuraient épouvantés. Tout d'abord saint Nicolas, animé d'une juste colère, se mit à reprocher en termes véhéments, à cet abominable criminel, le forfait atroce qu'il avait commis, sans avoir pitié de l'âge si tendre de ces enfants, sans être touché par leur beauté et leur innocence, pour voler une faible somme qu'un peu de travail honnête lui aurait

SAINT NICOLAS, ANIMÉ D'UNE JUSTE COLÈRE, SE MIT A LUI REPROCHER EN TERMES VÉHÉMENTS CE FORFAIT ATROCE.... (p. 110.)

procurée. Il le menaça de le livrer à la justice, puisque tout crime appelle une expiation.

Mais les pleurs de la femme et des enfants du coupable, leurs supplications apaisèrent peu à peu son courroux. Et comme la même suave mélodie et les douces plaintes, qui avaient tout à l'heure forcé le malheureux à se dénoncer, retentissaient encore, l'archevêque de Myre, sachant qu'il n'est rien que la prière ne puisse obtenir de Dieu, se mit à genoux près des cuves et commença d'implorer avec larmes la miséricorde divine.

Tout à coup les pierres qui pesaient sur les couvercles de bois glissèrent sur le sol; les planches se soulevèrent, et trois beaux adolescents apparurent, non plus tels qu'ils étaient au moment où l'assassin les avait frappés du coup mortel, mais tels qu'ils eussent été s'ils avaient vécu sept ans de plus. Et ils vivaient, ils souriaient.

L'un après l'autre, ils vinrent saluer le saint qui les ressuscitait d'entre les morts, puis tour à tour ils pardonnèrent au misérable et embrassèrent ses enfants. Ils se joignirent ensuite au cortège de l'archevêque, qui les ramena à leurs parents, avant de poursuivre son voyage.

Quant au criminel, il fit pénitence, et mourut consolé.

IX

A SON retour de Nicée, et après avoir pourvu aux besoins de son diocèse, Nicolas s'embarqua à Andronique pour se rendre à Rome, où il voulait vénérer le tombeau des saints Apôtres Pierre et Paul.

Le navire à bord duquel il traversait la mer, ayant dû faire escale dans une petite île près de Rhodes, il descendit à terre. Au sommet d'un escarpement de rochers se trouvait un oratoire qu'il lui plut de visiter. Mais la montée était âpre, et, parvenu au tiers du chemin, il était si las qu'il allait renoncer à son projet, lorsque des laboureurs, après l'avoir réconforté par un frugal repas, lui montrèrent un sentier plus aisé et l'aidèrent à monter. En récompense de leur acte de charité, il leur promit que les outils dont ils se servaient pour leurs travaux agricoles ne s'useraient jamais.

Et la tradition rapporte que ces instruments aratoires, durant des siècles, se trans-

IL SE RENDIT A NOLA (p. 118).

mirent de père en fils dans les familles de

ces laboureurs, et que ces familles composaient une sorte de noblesse en souvenir de cet événement.

Le saint toucha ensuite à Bari, ville d'Italie, et déclara que c'était là que reposeraient ses ossements. Puis, suivi d'un diacre, et tous deux montés sur des ânes, il se rendit à Nola, de là à Capoue, et enfin à Rome, où le pape saint Sylvestre l'accueillit avec distinction.

Ce pontife lui fit présent d'une colonne de porphyre. Mais comment emporter cette masse? Une légende dit que Nicolas poussa du pied cet énorme monolithe, qui tomba dans le Tibre; qu'il fit alors le signe de la croix sur la colonne et lui commanda de descendre le fleuve, de voguer sur la Méditerranée et de se rendre au port d'Andronique, où il la trouva, en effet, à son retour.

Il revint à Myre assez à temps pour sauver son peuple d'une nouvelle famine, et y fit encore un miracle des plus éclatants.

Trois tribuns de l'armée impériale, nommés Népotien, Herpiléon et Urs, qui avaient vu l'archevêque de Myre sauver la vie à un condamné à mort, injustement accusé, furent, à leur retour à Constantinople, accusés eux-mêmes faussement et jetés en prison. Toutes les apparences les faisaient coupables de l'un de ces crimes que les monarques ne pardonnent pas : l'attentat contre la vie et l'autorité du souverain. Tous les trois furent donc condamnés à avoir la tête tranchée.

Pendant la funèbre nuit, la dernière qu'ils devaient passer sur terre, ils se lamentaient sur leur triste destinée. Ils se disaient que, si Nicolas le Thaumaturge était près d'eux, il saurait bien les arracher à l'injuste sentence.

Ils l'invoquaient du fond de cette basse fosse dont ils ne sortiraient que pour être décapités, et ils le suppliaient avec toute la ferveur de la foi de leur venir en aide.

Or, la même nuit, Nicolas, qui vivait à une bien grande distance de Constantinople, apparaissait à Constantin. Il lui reprochait sévèrement de s'être laissé tromper, d'avoir donné par sa faiblesse des armes à la calomnie, d'avoir porté avec trop de précipitation une sentence imméritée. Et, plaidant la cause d'Herpiléon, Urs et Népotien, il démontrait si clairement leur innocence, que l'empereur, troublé, ordonna en toute hâte de surseoir à l'exécution. Ensuite il manda en sa présence les trois prisonniers, les interrogea, acquit la certitude de leur innocence et les fit mettre sur-le-champ en liberté.

Mais l'intervention directe et visible de Nicolas de Myre l'avait tellement troublé, qu'il exigea que ses trois officiers se rendissent auprès du saint, pour lui demander des prières en faveur de l'empire et de Constantin. Il

les chargea de présents précieux, entre autres un *Évangéliaire* tout couvert de pierreries.

Herpiléon, Urs et Népotien s'acquittèrent de cette ambassade. Puis, ayant distribué leurs biens aux pauvres, ils résolurent de se consacrer à Dieu et sollicitèrent les ordres sacrés.

X

Après une vie remplie par tant de faits miraculeux, d'œuvres utiles, de bienfaits répandus de toutes parts, saint Nicolas aspirait au repos.

Le jour où il ressentit les premières atteintes de la maladie, il comprit que sa fin approchait. Il mit ordre aussitôt à ses affaires temporelles et à celles de son diocèse, et, désireux de se préparer paisiblement au difficile passage de la vie mortelle dans l'éternité, il se retira au monastère de Sainte-Sion. Il y choisit une cellule très exiguë, et se coucha sur un étroit grabat. Ce fut là qu'il reçut les derniers sacrements, avec les sentiments de la plus profonde piété.

C'était le 6 décembre de l'an 326.

Peu d'instants avant sa fin, l'archevêque, au témoignage de saint Michel l'archimandrite, abbé du monastère de Sainte-Sion, vit sa petite chambre pleine d'Esprits bienheureux, Anges et Archanges, dont les voix célestes s'unissaient, pour chanter les louanges du Seigneur, à celles des amis les plus intimes de Nicolas, Arthemius, Hernicus et l'archidiacre Nicolas, et des religieux du monastère. Ce concert angélique était si

LES ANGES S'APPROCHÈRENT DE LA COUCHE DU MORIBOND (p. 129).

ravissant, qu'on se serait cru dans le ciel plutôt qu'au chevet d'un vieillard agonisant.

On ne vit rien alors de tout ce que la mort a de triste et d'affreux par elle-même; toute l'horreur de cet instant suprême était absorbée dans la victoire que ce glorieux saint avait remportée pendant sa vie sur le péché, sur ses passions, sur la chair, sur le monde et sur le démon.

Puis les anges s'approchèrent de la couche du moribond et chantèrent le psaume :

« *C'est en vous, Seigneur, que j'ai mis mon espérance, je ne me verrai jamais confondu.* »

Le saint répondait à chaque verset jusqu'à ce qu'il prononçât d'une voix forte :

« *Seigneur, je remets mon âme entre vos mains.* »

Alors il rendit le dernier soupir.

Nicolas avait soixante-cinq ans.

Philippe, évêque de Phéliton, lui mit entre ses mains la palme qu'il avait rapportée de la Terre-Sainte, et les évêques, ses suffragants, l'ensevelirent.

*
* *

Lorsque la ville de Myre fut prise par les Turcs en l'an 1087, le corps de saint Nicolas fut transféré à Bari, dans l'ancien royaume de Naples, où il est encore.

LE CORPS DE SAINT NICOLAS FUT TRANSFÉRÉ A BARI (p. 130).

TABLE DES MATIÈRES

LILLE. TYP. J. LEFORT. 1889.

www.ingramcontent.com/pod-product-compliance
Ingram Content Group UK Ltd.
Pitfield, Milton Keynes, MK11 3LW, UK
UKHW021907260726
13966UKWH00006B/1055